Animales babosos

Teddy Borth

Abdo
LA PIEL DE LOS ANIMALES
Kids

abdopublishing.com

Published by Abdo Kids, a division of ABDO, PO Box 398166, Minneapolis, Minnesota 55439.
Copyright © 2017 by Abdo Consulting Group, Inc. International copyrights reserved in all countries.
No part of this book may be reproduced in any form without written permission from the publisher.

Printed in the United States of America, North Mankato, Minnesota.

102016

012017

THIS BOOK CONTAINS
RECYCLED MATERIALS

Spanish Translator: Maria Puchol

Photo Credits: AP Images, iStock, Shutterstock

Production Contributors: Teddy Borth, Jennie Forsberg, Grace Hansen

Design Contributors: Candice Keimig, Dorothy Toth

Publisher's Cataloging-in-Publication Data

Names: Borth, Teddy, author.

Title: Animales babosos / by Teddy Borth.

Other titles: Slimy animals. Spanish

Description: Minneapolis, MN : Abdo Kids, 2017. | Series: La piel de los
      animales | Includes bibliographical references and index.

Identifiers: LCCN 2016947326 | ISBN 9781624026249 (lib. bdg.) |
      ISBN 9781624028489 (ebook)

Subjects: LCSH: Body covering (Anatomy)--Juvenile literature. | Skin--Juvenile
      literature. | Spanish language materials--Juvenile literature.

Classification: DDC 591.47--dc23

LC record available at http://lccn.loc.gov/2016947326

Contenido

Animales babosos

¡Los animales tienen piel!

Hay muchos tipos de piel.

5

Algunos son babosos.

¡Ellos producen la baba!

caracol

La baba es húmeda. Puede ser **resbalosa** o pegajosa.

tritón

La baba tiene mal sabor. A veces protege a los animales para que no se los coman.

babosa

Los pulpos usan la baba porque es **resbalosa**. Les sirve para meterse en espacios pequeños.

pulpo

Las anguilas necesitan baba
para nadar rápido.

anguila

15

Las lombrices necesitan

baba para moverse.

lombriz

La baba puede hacer daño.

¡Nos puede enfermar!

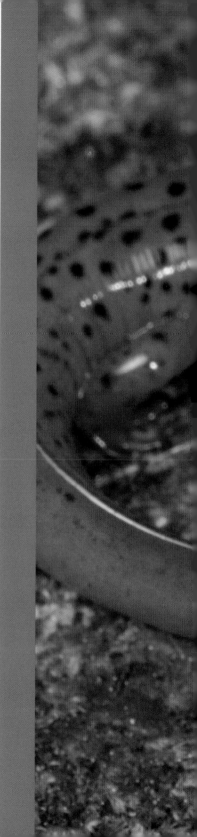

salamandra

Algunas ranas producen baba venenosa. ¡No te acerques a los animales de **colores vivos**!

rana venenosa de dardo

21

Otros animales babosos

babosa marina

estrella cojín

cecílido

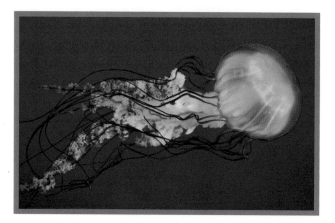

medusa

Glosario

color vivo
color brillante y vistoso.

resbaloso
suave y con brillo, escurridizo.

Índice

abdokids.com

¡Usa este código para entrar en abdokids.com y tener acceso a juegos, arte, videos y mucho más!

Código Abdo Kids:
ASK4959